Beziehungsratgeber

Partnerschaftsprobleme lösen
Beziehungsratgeber für Paare,
Singles, Frauen & Männer
Kommunikation in der Partnerschaft
verbessern & Beziehung retten
Ratgeber Buch

Inhaltsverzeichnis

Vorwort

Der erste Blickkontakt, das erste Gespräch, die erste Verabredung, der erste Kuss. Die Liebe ist etwas Wunderbares und begleitet uns durch unser ganzes Leben. Als Teenager kommen wir das erste Mal mit ihr in Berührung, im Erwachsenenalter führen wir bereits ernste Beziehungen mit unseren Lieblingen.

Irgendwann, nach Jahren verschiedener Partner und guten sowie schlechten Erfahrungen, treffen wir jemanden, mit dem alles perfekt scheint. Die Beziehung übertrifft alle vorherigen und langsam macht sich das Gefühl breit, dass die richtige Person gefunden wurde. Die eine Person, mit der man den Rest seines Lebens verbringen wird und mit der man jeden einzelnen Tag genießt.
Doch selbst mit dem richtigen Partner scheint nicht immer die Sonne. Mit der Zeit häufen sich

die Streits und die Beziehung beginnt, ihre sichere und ausgewogene Haltung zu verlieren. Das Zusammenleben wird schwerer und die alten Tage, in denen alles perfekt war, scheinen vorbei zu sein. Verzweifelt wird nach einer Lösung der Probleme und Wiederbelebung der Beziehung gesucht.

Wenn Sie sich dieses Buch gekauft haben, heißt das, dass auch Sie gewisse Probleme mit dem Menschen an Ihrer Seite haben. Zuallererst möchte ich Ihnen ein Lob aussprechen. Die Entscheidung dieses Buch zu lesen zeigt, dass es noch nicht zu spät für Ihre Beziehung ist. Denn für eine Beziehung ist es erst dann zu spät, wenn beide Seiten aufgegeben haben.

Erst, wenn ein Paar die Trennung hinnimmt, ist es vorbei. Ihr Wille, dieses Buch zu lesen ist also der erste Funke, der die Macht hat das

Feuer erneut zu entfachen! Ein Funke allein reicht allerdings nicht ganz dafür aus. Der Funke muss am Leben gehalten und vor äußeren Gefahren wie Wasser und zu starkem Wind geschützt werden.

Er muss die Chance haben, sich ausbreiten zu können und so immer weiter zu wachsen, bis daraus eine große Flamme entsteht. Wie auch beim Entfachen eines Feuers braucht die Wiederbelebung einer Beziehung Fürsorge, Zeit und vor allem einen Willen. Letzteres ist bei Ihnen bereits vorhanden.

Nun müssen Sie nur noch die anderen Faktoren verstehen, bevor es losgehen kann.

Die Wiederherstellung des Glanzes einer Beziehung geschieht nicht von Heute auf Morgen, ebenfalls nicht innerhalb einer Woche. Es braucht ganz einfach seine Zeit.

Aber fühlen Sie sich davon nicht eingeschüchtert. Immerhin brauchen alle wichtigen Dinge im Leben lange. Das beste Beispiel dafür ist ein Schulabschluss. Die Schüler wissen ganz genau, dass es mehrere Jahre dauert und Ihre volle Aufmerksamkeit erfordert. Aber brechen sie deswegen einfach so ab?

Nein! Merken Sie sich also gleich die erste und auch wichtigste Regel, wenn es um die Heilung einer Beziehung geht: Geduldig sein und nicht aufgeben! Dieses Buch ist in drei Hauptkapitel aufgebaut, damit Sie den perfekten Schlüssel für die Errettung Ihres Liebeslebens formen können.
Das erste Hauptkapitel beschäftigt sich mit allgemeinen Tipps, Tricks und Regeln, die Sie brauchen werden und ist damit der Teil, der am wichtigsten ist.

In den zwei darauffolgenden Kapiteln werden Sie Tipps finden, die speziell auf Ihr Geschlecht abgestimmt sind. Wie ich schon gesagt habe, sind die allgemeinen Hilfen die wichtigsten, sehen Sie die letzten zwei als Feuerholz, durch das sich die Flammen schneller ausbreiten können.

Wenn Sie die Informationen aus diesem Buch geschickt anwenden und Regel Nummer 1 beachten, steht einer glücklichen Beziehung nichts mehr im Weg.
Viel Spaß beim Lesen!

Tipps, Tricks und Regeln für eine erfolgreiche Beziehung

Im Folgenden werden Sie allerlei Informationen bekommen, die Sie für das Heilen Ihrer Beziehung brauchen werden. Hierbei handelt es sich um allgemeine Herangehensweisen, die nicht spezifisch auf ein bestimmtes Geschlecht ausgelegt sind.

Mit anderen Worten: Dieses Hauptkapitel sorgt für die Grundlage einer ausgeglichenen und glücklichen Beziehung.

Humor und Positivität in der Beziehung

Mit Sicherheit haben Sie bereits in vielen Berichten aus Zeitungen oder Fernsehsendungen gehört, wie gesund lachen für uns ist. Es macht uns glücklicher, lenkt von Problemen ab und wir tun es viel zu wenig. Im Kindesalter lachen wir dutzende Male am Tag, doch je älter wir werden und je ernster das Leben wird, umso weniger erwischen wir uns bei einem ehrlichen Lachen.

Dabei ist lachen nicht nur gesund, es ist auch sehr wichtig für eine funktionierende Beziehung!
Achten Sie das nächste Mal, wenn Sie in die Öffentlichkeit gehen, auf junge Paare.
Sie werden erkennen können, dass beide Seiten während eines Gespräches sehr oft lachen.

Solch junge Beziehungen zeigen uns, wie harmonisch Humor eine Beziehung macht. Gemeinsames Lachen und positive gemeinsame Erfahrungen allgemein stärken das Gefühl, zusammen zu gehören und erwecken in einem den Wunsch, mehr Zeit mit dem anderen zu verbringen.

Wenn das bei zwei Menschen, die zusammen sind, öfters vorkommt, werden die durch das Gelächter ausgelösten positiven Gefühle unbewusst mit dem Partner assoziiert. Etwas simpler ausgedrückt: Je mehr Sie mit Ihrem Partner lachen, desto enger werden Sie zueinander finden. Darüber hinaus hilft Lachen auch bei Streitigkeiten.

Das können Sie beim nächsten aufkommenden Streit gleich mal ausprobieren. Versuchen Sie, den Partner idealerweise zum Lachen zu bringen oder ihn/sie zumindest zum

Lächeln zu bringen. Dadurch werden Glückshormone ausgeschüttet und die Wahrscheinlichkeit, dass sich der Streit verschlimmert sinkt.

Denn wer sich glücklich fühlt, der denkt auch positiver und kommt von den ganzen negativen Gedanken, die zur Auseinandersetzung führen ab. Eine Sache ist dabei aber zu beachten: Der richtige Moment. Er darf auf gar keinen Fall zu spät sein. Der Partner könnte es nämlich falsch aufnehmen.

Der eigentlich gut gemeinte Versuch, ein Lachen entstehen zu lassen wird in Augen des Anderen zu einem Versuch, das Streitthema ins Lächerliche zu ziehen. Das wiederum würde nur mehr negative Gefühle auslösen, anstatt sie durch positive zu ersetzen.

Fangen Sie also nicht erst mitten im Streit damit an, sondern tun Sie es während sich dieser noch im Aufbau befindet.

Positivität im Allgemeinen ist mindestens genauso wichtig wie Humor. Bei einer negativen Einstellung tendieren die meisten Leute dazu, Ihren Beziehungspartner als eine Art Seelenmülleimer zu benutzen. Beobachten Sie Ihre Gespräche ein paar Tage lang selbst. Wenn Sie merken, dass Sie Ihren Schatz immer wieder volljammern wissen Sie, was Sie an sich als Erstes verbessern sollten.
Beginnen Sie damit, sich öfters selbst um Probleme zu kümmern und hören Sie auf, Ihre Beziehung mit ständiger Negativität zu belasten. Achtung: Auch dieser Rat kann falsch in die Tat umgesetzt werden.
Den Partner nicht ständig voll zu jammern heißt nicht, ihm nichts mehr über Ihre Gefühle und Ansichten zu erzählen.

Zu wenig ist genauso schlecht wie zu viel. Finden Sie ein Gleichgewicht zwischen diesen beiden Extremen.

Hier noch ein paar Tipps: Wenn Sie sich nicht sicher sind, wie der Humor des anderen ist, gilt es erst einmal das herauszufinden. Wenn Sie das geschafft haben oder es sowieso schon gewusst haben, sollten Sie dieses Wissen zu Ihrem Vorteil ausnutzen.

Achten Sie auf Vorlagen, die sich ergeben, um den perfekten Witz für Ihre Flamme zu machen. Schauen Sie ebenfalls öfters Komödien, die Ihren Partner ansprechen.

Privatsphäre in der Beziehung

In einer Partnerschaft baut man Vertrauen zueinander auf und möchte gerade dann, wenn es noch frisch ist, alles über den Menschen an seiner Seite erfahren. Dieses Interesse ist vollkommen normal.

Wenn die Beziehung aber schon länger hält, kann dieses Interesse zu einer Übertreibung werden oder sich sogar zu einer zwanghaften Kontrollsucht entwickeln, z.B. wenn im Minutentakt das Handy des anderen kontrolliert wird.

Die Wahrscheinlichkeit ist hoch, dass auch Sie schon einen Streit mit Ihrem Partner über dieses Thema erlebt haben, immerhin ist es eines der häufigsten Gründe für Streitigkeiten in einer Beziehung.

In diesem Kapitel werde ich Ihnen verraten, wie Sie am besten mit simplen Übertreibungen umgehen können und wie Sie Ihre Flamme dazu bringen, Sie nicht mehr ständig zu kontrollieren.

Fangen wir mit dem ersten Fall an. In diesem hat sich das besagte Interesse weiterentwickelt und der Partner möchte mittlerweile alles wissen, was in Ihrem Leben los ist. Egal ob es familiäre Dinge sind oder etwas Einfaches wie etwa Ihr Hobby, Sie werden andauernd von Fragen durchbohrt und wollen manchmal einfach nur Zeit für sich haben.

Das ist Ihnen auf keinen Fall zu verdenken, selbst der kontaktfreudigste und offenste Mensch braucht einmal Zeit für sich. Erst, wenn wir alleine sind, können wir über unser Leben nachdenken, wichtige Entscheidungen für uns selbst treffen und uns besser kennenlernen. Um die benötigte Privatsphäre wiederzuerlangen, empfiehlt es sich zunächst, einfach mal ein Gespräch zu führen.

Achten Sie darauf, dass sowohl Sie als auch Ihr Partner Zeit dafür aufbringen können, da das Reden möglicherweise einiges an Zeit in Anspruch nehmen wird. Planen Sie also einen Abend oder einen ganzen Tag mit Ihrem Partner dafür ein. Unternehmen Sie zunächst etwas, was Ihrem Partner Spaß macht.

Schauen Sie einen guten Film oder gehen Sie etwas zusammen essen. Es geht darum, den Partner erst einmal von möglichem anderen Stress abzulenken und ihn in eine fröhliche Stimmung zu bringen. So steigt nämlich die Wahrscheinlichkeit, dass die andere Seite sich auch wirklich auf das Problem einlässt.

Wenn wir gut gelaunt sind, sind wir offener, als wenn wir uns Sorgen um etwas machen oder andere negative Gefühle verspüren. Nutzen Sie diesen Trick also unbedingt zu Ihrem Vorteil. Beginnen Sie anschließend das Gespräch und achten Sie darauf, nicht beleidigend zu werden oder Ihrem Partner zu viele Schuldzuweisungen zukommen zu lassen.

Erklären Sie aus Ihrer Sicht, warum die Eingriffe in die Privatsphäre so nicht weitergehen können. Möglicherweise wird es einige Zeit dauern, aber wenn Sie Ihrem Partner wichtig sind, wird er versuchen, seine Verhaltensweisen zu ändern.
Wenn das nicht funktioniert, können Sie immer noch Feuer mit Feuer bekämpfen. Zeigen Sie Ihrem Schatz, wie er sich verhält.

Nach einiger Zeit wird er Sie verstehen können und von sich aus anfangen, an sich zu arbeiten.

Kommen wir nun zum zweiten Problem, dass etwas gravierender ist als das Erste. Als Beispiel für die ständige Kontrolle wird in diesem Fall das Handy genommen, da dieses in vielen Fällen der Auslöser einer Kontrollsucht ist.

Meistens fängt es so an, dass der Partner eine Nachricht oder einen Kommentar beim anderen liest, der ihn eifersüchtig werden lässt. Es kommt zum Streit und das Vertrauen in der Partnerschaft wird etwas geschwächt. Nun kann es dazu kommen, dass die Aktivitäten am Handy verfolgt werden und die betroffene Seite wie von einem FBI-Agenten ständig überwacht wird. Solches Verhalten ist ohne Frage Gift für Ihre Beziehung.

Ausgeglichene Partnerschaften sind auf Vertrauen aufgebaut und genau dieses wird durch die ständige Kontrolle nur noch mehr verringert. Wenn Ihnen diese Kontrolle zuteil wird, sollten Sie schnellstmöglich etwas dagegen unternehmen.

Die bereits erklärte Taktik bei der abgeschwächten Version einer solchen Kontrollsucht ist ein guter Anfang, sie reicht aber sehr wahrscheinlich nicht ganz aus, um das zwanghafte Verhalten zu beenden und die Beziehung wieder in eine bessere Richtung zu lenken. Das Vertrauen Ihres Partners in Sie wieder zu stärken hat höchste Priorität. Die folgenden Tipps werden Ihnen dabei helfen.

Seien Sie ehrlich

Einem anderen Menschen zu vertrauen wird erst dadurch ermöglicht, dass das Gegenüber sicher sein kann, nicht belogen zu werden. Wenn der Auslöser der Kontrollsucht z.B. eine für den Partner verdächtige Nachricht einer anderen Person war und diese eine frühere Beziehung von Ihnen ist, sollten Sie das offen und ehrlich zugeben.

Natürlich wird Ihr Partner erst einmal eifersüchtig werden, das wird aber vorbeigehen. Wenn Sie diesen Fakt allerdings verheimlichen und der Partner es selbst herausfindet, fühlt er sich in seinem Handeln bestätigt und wird auch eher damit weitermachen.

Halten Sie Ihre Versprechen

Geben Sie nur ein Versprechen, wenn Sie es auch wirklich halten können. Ansonsten wird das Vertrauen mit jedem gebrochenen Versprechen immer weiter bröckeln.

Seien Sie ehrlich über Ihre Gefühle und Anliegen

Wenn Ihnen etwas nicht gefällt oder Sie etwas bedrückt, sagen Sie es. Auf diese kann Ihr Partner sicher gehen, dass er über Ihr Inneres Bescheid weiß und weiterer Grund für aufkommende Eifersucht und sinkendes Vertrauen wird eliminiert.

Bei dem Ganzen gibt es eine Sache, die Sie sich immer wieder ins Gedächtnis rufen sollten: So etwas braucht Zeit!

Wenn man sich eine negative Verhaltensweise dieser Art angelegt hat, kann man Sie nicht von Jetzt auf Gleich wieder ablegen. Seien Sie also nachsichtig und haben Sie Geduld, es wird sich auszahlen.

Intimität

In „erfolgreichen“ Beziehungen teilen die Paare viele intime Momente miteinander, damit ist nicht nur der Sex gemeint. Sinnliche Umarmungen oder Händchenhalten sind ebenfalls Dinge, die die Verbindung zwischen zwei Geliebten formt und stärkt.

Manchmal beobachten Paare, dass genau diese Intimität mit der Zeit schwächer wird oder sogar ganz verloren geht. Wenn Sie eine starke, lange Beziehung aufbauen wollen bzw. wiedererlangen möchten, ist Intimität definitiv ein wichtiger Punkt.

Denn das ist es doch eigentlich, was eine ernste Beziehung von einer normalen Freundschaft unterscheidet. Fangen Sie also an, an den folgenden Dingen in Ihrer Beziehung zu arbeiten.

Sex

Natürlich gibt es kaum etwas Intimeres in einer Beziehung als der Sex. Dieser ist also schon wichtig, allerdings nicht ganz so wichtig wie er im Allgemeinen betrachtet wird. Wenn, mal angenommen, beide Seiten der Beziehung keine starken sexuellen Bedürfnisse haben, kann eine Beziehung auch sehr gut ohne Sex funktionieren und die Intimität kann dennoch erhalten werden.

Andersherum kann sich Sex nämlich auch auf die Beziehung auswirken. Wenn Sie z.B. mehr Sex wollen als Ihr Partner kann das durchaus zu Problemen führen. Sie sollten unter allen Umständen auf die Bedürfnisse Ihres Partners achten und diese ebenso respektieren als auch so gut wie möglich erfüllen.
Natürlich ist hierbei wieder zu beachten, dass beide Seiten mit den Aktivitäten zufrieden sind.

Zusammen duschen

Duschen wird von vielen als eines der intimsten Dinge angesehen. Kein Wunder also, dass es einer Beziehung guttut, wenn man gemeinsam unter der Dusche steht.

Wenn wir zusammen mit unserem Partner duschen, erweckt das ein sinnliches Gefühl der Verbundenheit.

Auf diese Art zeigt ein Paar sich gegenseitig, dass sie sogar ihren persönlichen Raum mit der jeweils anderen Person teilen. Abgesehen von einer gemeinsamen Dusche kann auch ein gemeinsames Bad dieses Ziel erreichen.

Manchmal ist dieses sogar noch effektiver, da man auf engerem Raum zusammen ist.

Umarmungen

Erinnern Sie sich noch wie es sich angefühlt, als Ihre Eltern Sie als Kind mit einer Umarmung getröstet haben, wenn Sie traurig waren? Erinnern Sie sich noch an dieses warme, geborgene Gefühl? Wenn ja, werden Sie mir sicher zustimmen, wenn ich Ihnen sage, dass Umarmungen eine große Kraft haben. Wenn sie vom Herzen kommen und wirklich ehrlich gemeint sind, sind sie die beste Medizin für eine Beziehung!

Händchen halten

Zusammen Händchen zu halten ist etwas, was oft unterschätzt und sogar als lächerlich abgestempelt wird. Mit dem Partner Händchen zu halten erzeugt ähnlich wie beim Umarmen eine innere Verbundenheit mit der anderen Person. Tun Sie dies also ebenfalls öfters, wenn der Moment passt.

Längere Berührungen

Umarmungen und Händchen halten teilen sich ein gemeinsames Erfolgsgeheimnis: Hautkontakt. Dieser führt zur Ausschüttung eines Bindungshormones namens Oxytocin. Für dessen Ausschüttung reicht ein flüchtiger Kontakt aber nicht aus. Versuchen Sie, Ihren Partner für mindestens 20 Sekunden lang zu berühren.

Streit in der Beziehung

Egal, wie harmonisch eine Beziehung ist oder wie perfekt sie von außen wirken mag, Streit gibt es immer. Bei manchen öfter, bei anderen eher weniger. Da Streitereien also nicht immer zu vermeiden sind, ist es außerordentlich wichtig, sie richtig zu führen.

Ja, es gibt tatsächlich eine Art, wie man richtig streiten kann! Wenn Sie das tun, kann sich der Streit sogar positiv auf Ihre Beziehung auswirken, Sie werden als ein gestärktes Paar aus ihm herausgehen.

Wenn er allerdings falsch gehandhabt wird, kann er zu weiteren Problemen führen und mit der Zeit der Beziehung schaden.

Bevor ich Ihnen verrate, wie ein guter Streit aussieht und was Sie auf jeden Fall vermeiden sollten, gilt es eine Grundregel für das Streiten zu verinnerlichen. Diese Regel lautet: Akzeptieren Sie den Streit! Natürlich haben Sie nicht gerade Lust, sich mit Ihrem Partner in die Haare zu kriegen.

Aber Meinungsverschiedenheiten bedeuten noch lange nicht das Ende einer Beziehung. Sehen Sie in jedem Streit vielmehr die Chance, als ein besseres Paar aus ihm zu kommen.

Wie gutes Streiten aussieht

Das Zauberwort bei einem richtig ausgeführten Streit heißt Respekt! Ohne diesen wird der Streit lediglich negative Auswirkungen mit sich bringen. Achten Sie Ihr Gegenüber während des gesamten Streites und behalten Sie im Gedächtnis, dass Sie ihn Wertschätzen und die momentane Situation lediglich eine

Auseinandersetzung darstellt, die wieder vorbeigehen wird.

Zu einem respektvollen Streiten gehört vor allem die Verwendung der Ich-Form. Falls Sie davon noch nicht gehört haben, sie funktioniert folgendermaßen: Die natürliche Sprechweise während eines Streites wäre eine schuld zuweisende und leicht aggressive, wie etwa „Du hast schon wieder das Geschirr dreckig gelassen, obwohl ich dir ausdrücklich gesagt hatte, dass ich nur einmal sauberes Geschirr vorfinden möchte, wenn ich von der Arbeit komme!"

Wenn Sie auf diese Weise mit Ihrem Partner reden, verschlimmert das nur den Streit. Ihr Gegenüber wird sich beleidigt fühlen und mit der gleichen Ausdrucksform antworten. Dadurch zieht sich ein Streit meistens viel länger, als er eigentlich sein müsste.

Die korrekte Redeform ist also die Ich-Form, z.B.: „Ich finde es nicht okay, dass das Geschirr nicht gewaschen ist. Ich wäre sehr glücklich, wenn ich mich nach der Arbeit nicht noch an das Geschirr machen müsste." Darauffolgend kann auch eine positiv klingende Bitte folgen, wie: „Könntest du das bitte ab morgen für mich machen?" Worauf Sie ebenfalls achten sollten, sind Verallgemeinerungen wie nie,immer u.s.w. Diese sollten Sie so oft wie möglich vermeiden!

Die Ich-Form und die Vermeidung von Verallgemeinerungen sind beide aus demselben Grund so wichtig: Sie geben Ihrem Partner trotz des Streites ein in gewisser Weise angenehmes Gefühl.

Um dieses Gefühl noch zu verstärken ist es wichtig, dem anderen wirklich zuzuhören und ihm so ein Gefühl von Verständnis zu geben. So viel zu den sprachlichen Aspekten eines Streites. Worauf Sie als Nächstes aufpassen müssen, sind die nonverbalen Signale, die Sie abgeben.

Diese sollte während des ganzen Streites so positiv wie möglich sein. Reden Sie in einer normalen, angenehmen Lautstärke, anstatt zu schreien. Verwenden Sie keine aggressive Mimik oder Gestik. Während Sie und Ihr Partner streiten, darf keiner von Ihnen den Raum verlassen.

Erst, wenn der Streit zu 100 % abgeschlossen ist, darf einer von Ihnen den Raum verlassen.

Wenn alles vorüber ist versucht jeder, seinen Blick wieder auf das Gute in der Beziehung zu richten und dem anderen zu verzeihen.

Wie schlechtes Streiten aussieht

Kommen wir nun zu der Art, wie Sie einen Streit auf gar keinen Fall angehen sollten. Im Grunde ist dies, das genaue Gegenteil von dem, was oben beschrieben ist. In einem schädlichen Streit bombardieren sich beide Seiten ständig mit Vorwürfen und es geht darum, wer den Streit „gewinnt" und nicht um die Lösung eines Problems und eine anschließende Versöhnung.

Einer der Partner kramt oft in der Vergangenheit herum und sucht sich aus dieser Argumente oder Schuldzuweisungen heraus.

Es wird versucht, auf die Schwächen und wunden Punkte des anderen zu zielen und verallgemeinernde Kritik kommt permanent zum Einsatz.

Abgesehen davon benutzen die Streitenden negative nonverbale Signale, die die Auseinandersetzung um einiges verschlimmern können: Es wird geschrien, eine finstere Mimik wird aufgesetzt, Drohungen mit der Faust sind nichts Seltenes und in den schlimmsten Fällen kommt es zur körperlichen Gewalt.

Einer der Partner verlässt andauernd den Raum, um zu flüchten und niemand lässt den jeweils anderen zu Wort kommen. Irgendwann neigt sich auch dieser Streit dem Ende zu, aber einen guten Abschluss findet er nicht. Genaugenommen findet er nicht einmal ein wirkliches Ende.

In der Zeit danach wird immer wieder in der durch die Auseinandersetzung entstandene Wunde herumgestochert.

Wie Sie sehen, gibt es sehr viele Dinge, die bei einem Streit zu beachten sind. Es ist sehr empfehlenswert, diese Regeln wie Vokabeln auswendig zu lernen.

Wenn Sie sie erst einmal im Kopf haben, ist die Wahrscheinlichkeit größer, dass sie Ihnen während eines Streites einfallen.

Je öfter sie Ihnen einfallen, desto besser werden Sie im Streiten und umso ausgewogener und stärker wird Ihre Beziehung in Zukunft werden.

Mehr Zeit zu zweit

Partner einer glücklichen Beziehung verbringen viel Zeit miteinander, die sie genießen und wertschätzen. Wenn Sie eine Beziehung anstreben, die stark ist und lange hält, ist das etwas was Sie auf jeden Fall in Angriff nehmen sollten.

Achten Sie aber unbedingt darauf, Ihren Partner zu nichts zu zwingen oder ihn unter Druck zu setzen. Wenn Ihnen ausdrücklich gesagt wird, dass Ihr Partner das geplante Vorhaben nicht mitmachen möchte, müssen Sie das respektieren.

In diesem Kapitel werde ich Ihnen Ideen und Anregungen dafür geben, was Sie mit Ihrem Partner unternehmen können und welche Angewohnheiten der Beziehung guttun.

Das Thema Dates wird in diesem Kapitel allerdings nicht dazugezählt, da dieses ein komplettes eigenes Kapitel verdient.

Starten Sie ein gemeinsames Projekt

Ein gemeinsames Projekt mit Ihrem Partner anzufangen ist eine gute Weise, mehr Zeit miteinander zu verbringen und den Zusammenhalt zu stärken. So etwas sollte aber nur gemacht werden, wenn das Projekt auch wirklich gut verläuft und nicht neue Probleme in die Beziehung einbringt.

Ein Beispiel für ein schlechtes Projekt wäre ein Hausbau in Eigenleistung, wodurch der Mann sehr wahrscheinlich die meiste Zeit am Bau verbringen und somit die Frau vernachlässigen würde. Wenn das richtige Projekt für beide Seiten gefunden ist, eröffnen sich aber viele Vorteile für das Zusammenleben.

Sie und Ihr Partner besitzen ein gemeinsames Ziel, für das Sie gemeinsam arbeiten und was für sehr viel Gesprächsstoff sorgt. Jeden einzelnen Erfolg, den Sie zusammen feiern, stärkt Ihre Bindung zueinander. Wenn durch das Projekt einmal eine kleine Krise auftritt und diese bewältigt wird, bestätigt das Ihren Partner, dass er mit Ihnen definitiv die richtige Wahl getroffen hat.

Ein weiterer netter Nebeneffekt ist, dass Sie von Außenstehenden als ein Paar wahrgenommen werden. Wenn Ihnen eine andere Person erzählt, wie gut Sie und Ihr Partner zusammen funktionieren, stärkt das die Zufriedenheit in der Beziehung um einiges.

Gehen Sie zur gleichen Zeit ins Bett

In einer Beziehung entwickeln sich die Routinen beider Seiten durch unterschiedliche

Berufe und Hobbys meistens in verschiedene Richtungen. Es ist daher nicht gerade einfach, immer zusammen ins Bett zu gehen. Wenn Sie das aber schaffen, werden Sie viel für die Intimität und Erhaltung des gegenseitigen Verlangens tun!

Wenn Sie zur gleichen Zeit wie Ihr Partner ins Bett gehen, haben Sie immer etwas, worauf Sie sich freuen können. Sie und Ihr Partner können sicher gehen, dass Sie, egal wie stressig ein Tag auch sein mag, zumindest Abends eine Zeit haben, die Sie zusammen verbringen.

Gemeinsam in den Tag starten

Auch ein gemeinsames Morgenritual trägt seinen Teil zur Erhaltung einer Beziehung bei. Versuchen Sie also, jeden Morgen gemeinsam mit Ihrem Partner zu beginnen.

Es muss nichts Großes sein, eine schnelle Tasse Kaffee oder am besten ein gemeinsames Frühstück reicht schon aus.

Gemeinsamer Spaziergang

Ein Spaziergang mit Ihrem Partner ist nicht nur ein Weg um gesund zu bleiben. Er kann Sie und Ihr Partner auch wieder näher zueinander bringen. Während Sie zusammen laufen, können Sie sich ungestört über alles unterhalten, was Ihnen am Herzen liegt.

Abgesehen davon kann ein gekonnt ausgewählter Spaziergang auch eine sehr romantische Stimmung auslösen. Versuchen Sie doch einmal, zu einer Zeit spazieren zu gehen, in der Sie und Ihr Partner einen Sonnenuntergang sehen werden. Solch kleine Momente haben großes Potenzial und sind nicht zu unterschätzen.

Nutzen Sie den Überraschungseffekt

Es gibt nur sehr wenige Menschen, die nicht gerne überrascht werde, solange die Überraschung eine gute ist. Nehmen Sie sich je nach Ihnen gegebenen Möglichkeiten ein mal im Monat oder alle zwei Monate etwas Zeit und planen Sie eine Überraschung für den anderen.

Meistens kommen Ausflüge am besten an, aber wenn Sie etwas anderes haben, was bei Ihrem Partner vermutlich besser ankommt, können Sie natürlich auch das versuchen! Planen Sie am besten einen ganzen Tag, den Sie so zusammen verbringen können.

Fangen Sie ein gemeinsames Tagebuch an

Für manche mag ein gemeinsames Tagebuch ein zu großer Eingriff in die Privatsphäre sein.

Daher gilt auch hier wieder, dass zu nichts gezwungen werden darf, ansonsten schaden Sie Ihrer Beziehung nur damit. Wenn Ihr Partner und Sie einem gemeinsamen Tagebuch zustimmen, haben Sie wieder etwas was Sie miteinander verbindet. Vielleicht finden Sie oder Ihr Partner manchmal nicht die Zeit oder die richtigen Worte um das auszusprechen, was Sie berührt oder bewegt.

So etwas kann alles mögliche sein: Etwas Neues am Partner, dass Ihnen gefällt oder etwas, was Ihnen Sorgen bereitet. Das alles können Sie in das Buch schreiben und es dann dem anderen übergeben, damit dieser eine Antwort auf Ihren „Eintrag“ hineinschreiben kann.

Tipp: Wenn Sie kein ganzes Tagebuch anfangen aber dennoch Ihrem Partner liebevolle Nachrichten geben wollen, können

Sie das auch auf einem anderen Weg machen. Besorgen Sie sich ein paar Post-its, schreiben Sie ab und zu ein paar Komplimente darauf und bringen Sie sie irgendwo in der Wohnung an.

Dates

Egal, ob eine Beziehung schon Ewigkeiten hält oder ob sie noch ganz frisch ist, Dates spielen immer eine große Rolle. Sie bringen etwas Farbe in den Beziehungsalltag und sind die perfekte Möglichkeit um sich besser kennenzulernen oder über gemeinsame Interessen zu sprechen und die gemeinsame Zukunft zu planen.

In Ihrer Beziehung sollten Sie also öfter stattfinden, als sie es momentan tun! Falls Sie und/oder Ihr Partner keine Lust auf etwas Traditionelles wie einen Kinobesuch oder ein schickes Essen haben, dann probieren Sie doch einfach mal etwas Neues aus. Versuchen Sie sich an Dates, die etwas komplett neues für Sie als Paar darstellen.

Hier sind ein paar Ideen und Anregungen, wie Sie z.B. auch zuhause ein wunderbares Date veranstalten können, dass Sie beide nicht vergessen werden.

Spieleabend

Nicht für jeden Geschmack, aber definitiv einen Versuch wert! Suchen Sie sich ein paar alte Gesellschaftsspiele heraus, vielleicht sogar welche aus der Kindheit und fangen Sie an, zu spielen. Sie werden sich wundern, wie nahe einen ein simples Brettspiel zueinander bringen kann.

Privates Dinner

Ein Abendessen bei sich zu Hause zu veranstalten, anstatt in ein Restaurant zu gehen, hat durchaus ein paar Vorteile.

Meistens spart man Geld, man ist wirklich unter sich, Sie können sich selbst ausgewählte, romantische Musik anmachen und gleich nach dem Essen hab Sie Zeit für etwas anderes.

Machen Sie sich schick, zünden Sie sich ein paar Kerzen an und zaubern Sie sich und Ihrem Partner ein Menü aus mehreren Gängen. Wenn Sie das Essen auch noch zusammen zubereiten, kommen Sie sich noch näher!

Marathon

Ein paar gemütliche Stunden auf der Couch, während man gemeinsam eine spannende Geschichte verfolgt.

Ein Film- oder Serienmarathon zusammen zu veranstalten ist eine sehr gute Art, zusammen viel Zeit zu verbringen. Tipp: Körperliche Nähe macht das Erlebnis umso besser!

Kindheitserinnerungen

Die Kindheit ist etwas sehr Intimes. Wenn wir uns an das Essen erinnern, dass wir immer am liebsten gegessen haben oder an die Spiele, die wir spielten, zaubert es uns ein Lächeln ins Gesicht.

Machen Sie gemeinsam mit Ihrem Partner eine Zeitreise in die Jahre der Kindheit. Zeigen Sie Ihrem Partner den Ort, an dem Sie aufgewachsen sind oder bereiten Sie die Mahlzeiten zu, die Ihre Eltern früher immer für Sie gekocht haben.

Urlaubsdate

Ein gemeinsamer Urlaub ist etwas Wunderbares. Man kann zusammen entspannen, den Alltagsstress hinter sich lassen und als Paare einfach mal eine schöne Zeit genießen.

Suchen Sie sich einen beliebigen Urlaub heraus, den Sie bereits gemacht haben und versuchen Sie, das Urlaubsgefühl wieder herzustellen. Kochen Sie z.B. ein Gericht, was Ihnen im Kopf geblieben ist und Sie an die Urlaubszeit erinnert.

Bei solch einem Abend, bei dem Sie gemeinsam in Erinnerungen schwelgen, können Sie auch wunderbar Planen, wohin der nächste gemeinsame Urlaub gehen soll.

Weinprobe

Veranstalten Sie zusammen eine eigene Weinprobe. Besorgen Sie ein paar edle Tropfen und versuchen Sie gemeinsam zu erraten, welche Aromen Sie gerade schmecken.

Beziehung mit Kindern

Kinder sind ein Geschenk. Als Eltern haben Sie die Möglichkeit, einen wundervollen Menschen in die Welt zu geleiten. Wenn das Kind erst einmal da ist, verändert sich das Leben rapide. Schlafgewohnheiten verändern sich, es muss an viel mehr Gedacht werden als zuvor und es ist immer etwas zu tun.

Doch Kinder haben nicht nur einen enormen Einfluss auf das Leben im generellen Sinne, sondern natürlich auch auf Ihre Beziehung und Ihr Liebesleben. Viele Paare freuen sich darüber, Eltern zu sein, entwickeln aber genauso eine gewisse Angst. Die Angst, nur noch als Eltern wahrgenommen zu werden, nicht mehr als Paar und sich auch so zu fühlen.

Ganz unbegründet ist diese Angst nicht, immerhin berichteten bereits einige Paare, wie sich Ihr Elterndasein nicht nur positiv, sondern auch negativ auf Ihre Partnerschaft ausgewirkt hat. Doch keine Sorge:

Es geht auch anders! Sie können es schaffen, Ihre Beziehung nicht verblassen zu lassen und trotzdem vorbildliche Eltern für Ihr Kind zu sein! Man muss eben nur wissen, wie.

Das erste worauf Sie achten sollten ist, wie Sie und Ihr Partner sich gegenseitig ansprechen.

In einem Alltag voller Elternthemen kann es schon einmal vorkommen, dass man voneinander nur als Mama und Papa redet, sich irgendwann sogar auf diese Weise anspricht.

Versuchen Sie, das möglichst zu vermeiden. Reden Sie sich mit dem Vornamen an oder besser noch mit den Spitznamen, die Sie sich gegeben haben. Auf diese Weise werden Sie daran erinnert, dass Sie eben mehr als nur Mutter und Vater sind.

Sie sind genauso ein Paar, dass bereits alles mögliche gemeinsam durchgestanden hat und deren Liebe füreinander von Tag zu Tag wächst. Die Gesprächsthemen, die aufkommen sind ebenfalls von Bedeutung. Selbstverständlich existieren eine Menge Neuigkeiten, die sich auf das Kind beziehen. Über solche Sachen zu reden, ist im Grunde nicht schlecht für die Beziehung, solange auch andere Gesprächsthemen aufkommen.

Beobachten Sie an einem Tag, an der Sie und Ihr Partner viel Zeit miteinander verbringen einfach mal die Gespräche, die sich entwickeln. Machen Sie sich nach jedem Gespräch eine kurze Notiz darüber, ob über das Kind oder über etwas vollkommen anderes gesprochen wurde.

Es müssen keine genauen Informationen sein. Ich würde Ihnen empfehlen, es folgendermaßen zu machen: Öffnen Sie eine Notizapp auf Ihrem Handy und lassen Sie diese im Hintergrund laufen, damit schnell auf sie zugegriffen werden kann.

Nun werden zwei Stichpunkte aufgeschrieben, die „Kind" und „anderes" heißen. Schreiben Sie diese untereinander und notieren Sie nach jedem Gesprächsthema eine neue Zahl hinter den dazugehörigen Stichpunkt.

Am Ende des Tages wird eine klare Tendenz zu erkennen sein und Sie werden wissen, ob

an den Gesprächen mit Ihrem Partner gearbeitet werden muss oder nicht.
Denken Sie auf jeden Fall darüber nach, sich einen Babysitter anzuschaffen.

Dieser sollte am besten flexibel sein, damit Sie auch spontan etwas unternehmen können. Wie in vorherigen Punkten bereits beschrieben wurde, ist es für die Beziehung wichtig, dass Sie und Ihr Partner auch einmal Zeit nur zu zweit verbringen können.

Dafür ist ein Babysitter genau die richtige Wahl! Falls Ihr Partner oder Sie Probleme mit dem Gedanken haben, Ihr Kind in die Obhut von jemand anderem zu geben, kann ein einfacher Trick dabei helfen, sich keine Gedanken mehr zu machen.

Legen Sie mit Ihrem Babysitter feste Zeiten fest, an denen Sie sich über die aktuelle Lage informieren können. Auf diese Weise kann ein Abend zu zweit genossen werden, während immer noch eine gewisse Kontrolle vorhanden ist.

Falls dieser Tipp nicht überzeugend genug dafür spricht, einen Babysitter anzuheuern, sollten Sie sich auf anderen Wegen Zeit miteinander verschaffen. Wenn Sie mit einem anderen Elternpaar befreundet sind, könnten Sie sich mit diesem abwechseln.

Eine geregelte Ordnung wäre zum Beispiel, dass Sie alle zwei Wochenenden auf das Kind des anderen Paares aufpassen und sich von da an immer wieder mit ihnen abwechseln. Eine andere Möglichkeit wäre, Ihr Kind zu festen Zeiten ins Bett zu schicken und die dadurch entstehende Zeit für sich als Paar zu nutzen.

Denken Sie darüber nach, welche Möglichkeiten sich Ihnen bieten. Wenn Sie lange genug überlegen und verschiedene Dinge ausprobieren, werde Sie früher oder später die perfekte Regelung für sich gefunden haben.

Der letzte Tipp zum Thema Elternsein ist, sich mit einem kinderlosen Paar anzufreunden. Ein Paar ohne Kinder wird für gewöhnlich auch nicht viel über den Alltag eines Elternteils sprechen. Unternehmen Sie regelmäßig etwas mit dem anderen Paar und vergessen Sie dabei nicht bei Themen zu bleiben, die nichts mit Ihrem Kind zu tun haben.

Für den einen oder anderen mag es am Anfang schwer sein, wieder mehr Zeit ohne Kind zu verbringen. Darum sollten Sie sich unbedingt im Hinterkopf behalten, dass Sie das nicht zu schlechten Eltern macht.

Sie haben ein Recht darauf, Zeit für die Beziehung in Ihr Leben als Elternteile zu integrieren. Werden Sie eventuelle Schuldgefühle los!

Sollten Paare alles gemeinsam machen?

Definitiv nicht. Natürlich sind gemeinsame Aktivitäten wichtig, aber sie sollten nicht das ganze Leben einer einzelnen Person bestimmen. Sie sollten etwas haben, das nur Ihr Ding ist. Wenn Sie sich für das Angeln interessieren, werden Sie zum Angelprofi und treten Sie einem Verein bei.

Wenn Sie sich stark für Fußball interessieren, gehen Sie regelmäßig zu den Spielen Ihrer Lieblingsmannschaft und werden Sie Mitglied in einem Fanclub. Getrennte Aktivitäten wie diese, fördern die Attraktivität für den anderen.

Der Partner bleibt trotz langer Beziehung interessant und es gibt immer wieder etwas Neues an ihm zu entdecken.

Ein weiterer Vorteil besteht darin, dass man sich selbst besser kennenlernt und die Bestätigung erhält, immer noch selbstständig sein zu können.

Aber achten Sie unbedingt darauf, dass dieses Verhalten nicht ins Extreme übergeht. Alles alleine zu machen ist ebenso schlecht für die Beziehung wie permanentes

Zusammenkleben.

Wie viel Geld braucht eine glückliche Beziehung?

Eine attraktive junge Frau kommt mit einem Mann zusammen, der ihr Vater sein könnte. Die Beziehung hält über Jahre und beide Seiten scheinen mit dem Liebesleben glücklich und zufrieden zu sein.

In solchen Fällen spielt oft Geld eine entscheidende Rolle. Ist es also möglich, dass Geld tatsächlich dabei hilft, die große Liebe zu finden und sie über lange Zeit zu erhalten? Oder stellt es eher ein Hindernis da?

Wenn es um Finanzen geht, existieren viele verschiedene Meinungen, vor allem in einer Beziehung. Manche schreiben alle Aufgaben ordentlich auf und rechnen jeden Cent nach, andere leben einfach ihr Leben und geben Geld aus, ohne auch nur einen Gedanken zu diesem Thema zu verlieren.

Manche Paare machen ein großes Geheimnis daraus, wie viel Geld auf den Konten liegen und wieder andere besitzen ein gemeinsames Konto. Die Herangehensweisen, wenn es um den Umgang mit Geld geht, könnten nicht unterschiedlicher sein.

Dadurch existiert in vielen Beziehungen in Deutschland ein gewisses Ungleichgewicht, was wiederum oft ein Anlass für einen Streit darstellt, so haben sich rund die Hälfte aller deutschen Paar schon einmal zu diesem Thema gestritten.

Geld ist also ohne Frage eine wichtige Thematik in der Beziehung. Zwar ist es bei der Auswahl eines Partners den meisten egal, wie viel Geld im Umlauf ist, aber eine zumindest ähnliche finanzielle Lage beider Seiten erleichtert vieles.

Irgendwann werden Sie und Ihr Partner beim Zusammenleben merken, ob Ihre Lebensstile zueinander passen und Sie sich diesbezüglich wirklich auf einer Wellenlänge befinden.

Wenn Sie es sind, wird sich der Alltag stressfreier gestalten, als wenn Sie es nicht sind. Dennoch können Beziehungen auch funktionieren, wenn beide Partner aus unterschiedlichen Verhältnissen kommen. Manchen mag es unangenehm sein, wenn der Partner einen finanziert, aber wenn wirklich Liebe im Spiel ist, überwindet man solche Kleinigkeiten fast schon von selbst.

Zurück zu der eigentlichen Frage: Wie viel Geld braucht Ihre Beziehung wirklich? Die Antwort darauf: Es kommt auf die Partner an.

Im Grunde genommen kann eine Beziehung sowohl mit als auch ohne Luxus gut funktionieren. Haben Sie viel Geld und können mit Ihrem geliebten Partner jedes Wochenende in ein teures Restaurant gehen und im Urlaub eine schöne Zeit im 5-Sterne-Hotel genießen?

Wenn andere Faktoren stimmen, wird es eine glückliche, lange Beziehung! Haben Sie nicht viel Geld und können sich nur selten etwas „Besonderes" leisten? Das ist auch kein Problem. Selbst mit wenig oder sogar gar keinem Geld ist es Ihnen möglich Momente zu erleben, die die Bindung zu Ihrem Partner aufbauen und stärken.

Ein gemeinsamer Spaziergang am Abend ist kostenlos. Auch gemeinsames Joggen am Morgen kostet Sie nichts, außer vielleicht passende Klamotten oder eine Trinkflasche.

Einfach im Bett liegen zu bleiben und sich aneinander zu kuscheln wird Sie ebenfalls keinen Cent kosten.

Sie sehen, dass Sie immer etwas für Ihre Beziehung tun können, egal ob mit viel oder wenig Geld! Der einzige Fall, in dem wenig Geld zu einem Problem werden könnte, ist, wenn der Partner dringend ein „besseres“ Leben braucht als andere.

Wenn in seinem Leben Geld so oder so eine Rolle spielt, könnte es zu der ein oder anderen unangenehmen Auseinandersetzung kommen.

Weitere Wege, um die Beziehung zu stärken

Bevor wir zu den Dingen kommen, die in einer Beziehung vermieden werden sollten, werde ich noch einmal auf allgemeine Wege und Tricks zurückkommen, die Sie verwenden können und auch sollten.

Zur gleichen Zeit dasselbe Buch lesen

Lesen fördert die Kreativität und lässt uns in andere Welten eintauchen, in denen wir dem Alltag entfliehen können. Abgesehen davon können Bücher auch ihren Teil zu einer glücklichen Beziehung beitragen. Indem Ihr Partner und Sie zur selben Zeit das gleiche Buch lesen, erschaffen Sie eine Gewohnheit, die die Kommunikation zwischen Ihnen erheblich steigern wird.

Entschieden Sie sich für ein Buch, das beiden Parteien gefällt und fangen Sie mit dem gemeinsamen Entdecken der Geschichte an. Sie werden sich wundern wieviel Spaß es macht, sich über eine spannende Handlung zu unterhalten und Ideen über die Fortsetzung auszutauschen.

Nicht nur das, Sie und Ihr Partner werden sich auch noch besser kennenlernen und eine stärkere Verbundenheit zueinander verspüren.

Die „Insider"

So gut wie jedes Paar hat sie. Witze oder Sprüche die das Paar nur unter sich versteht, während ihr Umfeld nichts versteht und sich fragt, was gemeint ist. Gemeinsame „Insider" wirken vielleicht etwas unwichtig.

Aber es sind die kleinen Dinge, die eine funktionierende Beziehung so gut machen.

Solche Witze und Geheimnisse sind es, die Sie und Ihr Partner auch noch nach Jahren zusammenhalten. Lassen Sie sie also nicht in Vergessenheit geraten.

Selbst, wenn manche Insider von früheren Tagen nicht mehr aktuell sind, können Sie immer noch zusammen mit Ihrem Partner in Erinnerung schwelgen und Ihr Band zueinander noch stärker werden lassen.

In guten wie in schlechten Zeiten

„In guten wie in schlechten Zeiten". Jeder kennt diesen alten Schwur, den sich verlobte am Altar geben, um sich ewige Liebe und Unterstützung zu schwören. Dieser wundervolle Schwur beschreibt eigentlich genau das, was in einer gesunden, glücklichen Beziehung geschieht.

Das Leben spielt uns allen hin und wieder einen Streich oder lässt uns regelrechte Qualen durchleiden. Sei es der Tod eines Familienmitgliedes, die Zerstörung eines Traumes oder der Fall in eine Finanzkrise. Schlechte Zeiten treffen jeden einmal, man kann leider nicht einfach vor ihnen weglaufen. Was uns aus solchen Zeiten hilft, ist die Zuneigung und Unterstützung einer geliebten Person.

Mit dem richtigen Menschen an der Seite können wir wirklich alles überstehen. Geben Sie in den schwierigen Zeiten Ihrer Beziehung oder des Lebens Ihres Partners nicht einfach auf. Zeigen Sie Ihrem Partner, warum Sie die richtige Wahl waren!

Tun Sie alles, was in Ihrer Macht steht, um die Stütze zu sein, die Ihren Partner vor dem Fall in den Abgrund bewahrt.

Und vergessen Sie nie, dass jede noch so schwierige und aussichtslose Zeit Ihre Partnerschaft stärker werden lässt!

Die Liebe neu zeigen

In diesem Buch wurde bereits geschildert, wie gemeinsame Rituale, Insider und Gewohnheiten die Beziehung verbessern können. Genauso wichtig wie solche sich wiederholenden Dinge sind auch Erlebnisse, die neu für Ihren Partner und Sie sind.

Bringen ruhig etwas Abwechslung in die Beziehung ein. Man weiß schließlich nie, ob aus einer Safaritour ein gemeinsames Interesse an Wildtieren oder aus einem Teil einer Buchreihe eine Sammlung aller Bänder entsteht. Jede neue Geste oder Erfahrung könnte zu Ihrem zukünftigen „Ding“ zusammen als Paar werden.

Kleine, liebevolle Nachrichten

Lassen Sie Ihrem Partner hin und wieder eine liebevolle Nachricht zukommen. Schreiben Sie z.B. „Wünsche dir einen wundervollen Tag, ich liebe dich.“ auf einen kleinen Zettel, der anschließend vor Verlassen des Hauses auf den Kühlschrank geklebt wird.

Oder schreiben Sie während Sie unterwegs sind einfach mal eine SMS. Sie werden staunen, wie gut solch kleine Dinge Ihrer Beziehung tun werden.

Verhaltensfehler, Beziehungskiller und falsche Denkweisen

Die letzten Kapitel konzentrieren sich hauptsächlich auf positive Beispiele, die die Beziehung verbessern und beflügeln. Genauso wichtig ist es aber, auf die negativen Dinge zu achten. Wenn Sie eine positive Verhaltensweise mit zwei schlechten wieder kaputt machen, hat diese wenig für die Beziehung getan. Passen Sie also darauf auf, folgende Dinge in Grenzen zu halten.

Zu nett sein

Ja, zu nett zu sein schadet tatsächlich Ihrer Beziehung! Es ist wichtig, dem Partner auch mal die eigene Meinung zu erläutern und ihn auf begangene Fehler hinzuweisen. Wenn Ihr Partner etwas sagt, was Sie verletzt, sagen Sie es!

Wenn sich Ihr Partner am Abend um mehrere Stunden verspätet, sagen Sie ihm, was Sie von seinem Verhalten denken.

Falls Sie das nicht tun, werden sich die negativen Emotionen anstauen. Sie werden immer mehr werden, bis sie schließlich alle auf einmal in einem riesigen Streit herausgelassen werden.

In einem vorherigen Kapitel habe ich Ihnen bereits geschildert, dass ein Streit auch etwas Positives mit sich bringen kann, dennoch gilt es, sehr heftige Streite wie solche zu vermeiden! Eine kleine Streitigkeit ist viel einfacher in eine gute Richtung zu lenken als einer, der lange Zeit hat auf sich warten lassen.

Bisheriges Sozialleben

Wenn man seinen Partner wirklich liebt, würde man am liebsten jeden Tag mit ihm verbringen, ganz besonders dann, wenn die Beziehung noch frisch ist. Viele vergessen dabei ihr soziales Umfeld, dass sie bereits vor der Beziehung hatten.

Nach einer gewissen Zeit werden Ihr Partner und Sie wieder Lust bekommen, sich alleine mit Freunden zu treffen, wie Sie es in früheren Zeiten getan haben. Nehmen Sie sich die Zeit, Ihr Sozialleben auch außerhalb der Beziehung zu pflegen!

Wenn Sie das nicht tun, könnte dieses Thema noch einen Keil zwischen Sie und Ihren Partner treiben.

Eines Tages werden Sie dem Partner eventuell vorwerfen, dass Sie seinetwegen

Freundschaften verloren haben, die Sie gerne weiterhin gepflegt hätten.

Solch ein Vorwurf hat ein schweres Gewicht und kann im schlimmsten Fall zur Trennung führen, verhindern Sie also, dass so etwas überhaupt erst zum Thema wird!

Was genauso wichtig ist, ist, dass weder Sie noch Ihr Partner eifersüchtig auf die Freunde des jeweils anderen werden. Wenn Gedanken wie „Ich bin dir also nicht so wichtig wie deine Freunde? Du würdest lieber sie sehen als mich?“ aufkommen oder ausgesprochen werden, ist es Zeit zu handeln. Reden Sie unbedingt darüber, egal von wem die Eifersucht ausgeht.

Ihr Partner wird akzeptieren, dass Freunde und Bekannte ein wichtiger Teil Ihres Lebens sind und es auch in Zukunft bleiben werden.

Andersherum sollten auch Sie das bei Ihrem Partner akzeptieren.

Und denken Sie daran: Wenn Eifersucht aufkommt, muss darüber geredet werden!

Die Beziehung mit anderen vergleichen

Jede Partnerschaft in einzigartig. Manche Paare sind eher abenteuerlich und unternehmen häufig aufregende Dinge wie Fallschirmspringen oder Klettern und andere sind lieber im Haus und machen sich dort einen gemütlichen Tag zu zweit.

Als Paar sind Sie und Ihr Partner individuell und unterscheiden sich in vielen Aspekten von anderen Paaren. Und das ist auch gut so. Denn wenn es das nicht wäre, hätten Sie einander nicht gefunden und wären mit anderen Personen zusammen. Sich mit anderen Paaren zu vergleichen, bringt Ihnen also im Grunde nichts.

Das Einzige, was es auslösen kann, sind negative Gefühle oder sogar Streitigkeiten. Wenn Sie oder Ihr Partner sich das nächste Mal dabei erwischen, wie Sie sich mit anderen vergleichen, erinnern Sie sich an die oben stehenden Worte. Sie sind ein einzigartiges Paar und das ist auch gut so!

Zu viel Mühe

Zeit miteinander zu verbringen und romantische Gesten sind, wie bereits beschrieben wurde, durchaus förderlich für eine gesunde, glückliche Beziehung. Dennoch können Sie es damit auch übertreiben! Wenn Sie Ihren Partner jeden Tag nach der Arbeit mit einem Essen oder einer anderen romantischen Geste überraschen, ist das nichts Besonderes mehr.

Solche Momente, die eigentlich aufregend und voller Romantik sein sollten, werden zu etwas normalem. Wenn so eine Überraschung, die eigentlich gar keine mehr ist, auf einmal nicht mehr vorbereitet wird, könnte der Partner beleidigt werden oder damit beginnen, sich Sorgen zu machen.

Es würde nach einem Grund gesucht werden, warum Sie damit aufgehört haben, was letztlich zu unnötigen falschen Schlüssen und Vorwürfen führen kann. Ein weiteres Problem ist, dass sich die andere Person schuldig oder gar verpflichtet fühlen könnte.

Es kann sich das Gefühl breit machen, dass man selbst nicht genug für die Beziehung bzw. für den Partner tut. Von da an würde krampfhaft versucht werden, jede Geste zu erwidern.

So würden die romantischen Überraschungen nicht nur das Besondere verlieren, sie würden auch zu einer erzwungenen und eventuell sogar unangenehmen Sache werden. Vorhaben wie ein Date sollten vom Herzen kommen und niemals aus Zwang oder Schuldgefühlen!

In Extremen denken

Es ist ein schlechtes Zeichen für Ihre Beziehung, wenn Sie ein gewisses Schwarz/Weiß-Denken an den Tag legen. Macht Ihr Partner in Ihren Gedanken nur entweder alles falsch oder alles richtig?

Denkt vielleicht Ihr Partner auf diese Weise über Sie? Wenn es selten ein dazwischen gibt, sollten Sie aufmerksam werden. Solches Denken vergiftet Ihre Beziehung, Ihr Partner und Sie sollten vielmehr normal voneinander denken und nicht alles mit einer großen Übertreibung ansehen.

„Das musst du doch wissen!“

Sind Sie oder Partner überaus schnell beleidigt, wenn der eine nicht bemerkt, was in dem anderen vorgeht? Wenn dem so ist, sollten Sie auch darauf aufmerksam werden. Selbst ein Paar, dass von anderen als perfekt bezeichnet werden würde, kann nicht die Gedanken des jeweils anderen lesen.

Normalerweise herrscht nach einiger Zeit des Zusammenseins eine gewisse Vorahnung dessen, was der Partner denkt und fühlt, aber ganz sicher kann sich niemand sein!

Falls Sie sich also dabei erwischen, wie Sie sich verletzt fühlen oder sich aufregen, weil Ihr Partner Sie Ihrer Meinung nach nicht genug kennt, sollten Sie sich das, was ich eben erklärt habe ins Gedächtnis rufen.

Vielleicht hat Ihr Partner im Moment auch ein Problem, von dem Sie nichts wissen und denkt demnach nur noch daran. Man kann nie wissen, was in den Gedanken anderer Leute vorgeht, also seien Sie nicht nachsichtig!

Negative Gedanken

Ein negatives Denkmuster bildet sich um einiges schneller, als ein positives. Gerade wenn im Moment Streit herrscht, tendieren die meisten Menschen dazu, Ihren Partner zu verfluchen und es kommen unzählige negative Gedanken und Anschuldigungen zum Vorschein.

Wenn so etwas mal vorkommt, brauchen Sie sich erst einmal keine großen Sorgen zu

machen. Solange es nicht allzu lange anhält, ist noch alles in bester Ordnung.
Sollten Sie aber bemerken, dass diese Phase schon Tage oder Wochen andauert, besteht definitiv Handlungsbedarf.

Was bei der Lösung dieses Problems helfen kann, sind Listen. Nehmen Sie sich zwei Blätter Papier. Auf das eine werden all die negativen Dinge geschrieben, die Sie derzeit von Ihrem Partner halten. Auf die andere kommen die positiven Sachen: Was an der Partner geschätzt wird, wie dankbar Sie für die Beziehung sind u.s.w.

Schauen Sie sich nach Vollendung beide Listen genau an, lesen Sie sie beide mehrere male aufmerksam durch.

Die „schlechte" Liste wird nun weggeschmissen. Das Ziel ist es, während der

Entsorgung auch mit den darauf stehenden Problemen abzuschließen.

Die Symbolisierung der Liste als Müll hilft dabei. Jetzt wird die “gute” erneut mehrmals gelesen und anschließend aufbewahrt.

Verwenden Sie diesen Trick und es wird Ihnen leichter fallen, die Beziehung wieder in eine positive Richtung zu lenken.

Falsche Vorstellungen

Falsche Vorstellungen über die Absichten des anderen sind ein Zeichen für fehlendes Vertrauen oder ein falsches Bild vom Partner. Gedanken wie „Er hat mir diese Blumen bestimmt nur gekauft, weil er einen Gefallen von mir möchte“ und „Sie spricht bestimmt nur mit diesem Typen, um mich eifersüchtig zu machen“ führen zu Problemen und senken das

Vertrauen zum Partner noch mehr anstatt zu stärken oder wieder aufzubauen.

Reden Sie mit Ihrem Partner über solche Gedanken. Falls Sie sie haben, sollten sie es beichten und sie nicht mit sich herumschleppen.

An der Reaktion des Partners kann man dann feststellen, ob die Vermutung vollkommen unbegründet war oder ob man mit ihr richtig gelegen hat. Keine Angst, in den meisten Fällen war die Sorgen unbegründet!

Selbstverständlichkeit

Oft fangen Partner an, den jeweils anderen als Selbstverständlich anzusehen, aber dem ist nicht so! Sie haben ein unglaubliches Glück, die Beziehung mit Ihrem Partner genießen zu dürfen. Stellen Sie sich vor was wäre, wenn Sie beide sich nicht kennengelernt hätten.

Ein paar Zufälle hätten davor sorgen können, dass sowohl Ihr Partner als auch Sie heute ein völlig anderes Leben führen würden, getrennt voneinander wohlgemerkt. Vergessen Sie nie, dass Ihre Beziehung ein Geschenk ist!

Beziehungstipps speziell für Männer

Sie verstehen nicht, was Ihre Freundin/Frau im Moment möchte? Sie fühlen sich nicht gut genug, weil Sie dem Idealbild eines Mannes aus Film und Fernsehen nicht so ähnlich sind, wie Sie es gerne hätten? Mit den folgenden Tipps schaffen Sie es, eine glückliche Beziehung zu führen und dabei ein „wahrer Mann“ zu bleiben.

Die meisten Männer sind unzufrieden mit ihrer Partnerin, da sie zu hohe Ansprüche an sie haben. Sie stellen eine heiße, junge Frau vor mit dem perfekten Körper vor und bilden sich dabei ein, dass so eine makellose Frau wirklich existiert. Kommen Sie von diesem Denkmuster ab und tun Sie stattdessen lieber etwas dafür, dem perfekten Bild eines Mannes für Ihre Frau/Freundin zu werden.

Beziehungen beruhen auf Gegenseitigkeit,

also seien Sie nicht egoistisch!

Der Mann im Streit

Bei einem Streit mit der Liebsten neigen viele Männer dazu, nur die reinen Fakten zu sehen. Nehmen wir mal das Thema Fremdgehen als Beispiel. Die Partnerin hat ihren Mann dabei erwischt, wie er mit einer anderen flirtet, sofort bricht ein Streit bei ihnen aus.

Der Mann kontert mit der Aussage, dass er nicht fremdgegangen ist, beendet damit die Diskussion und fühlt sich im Recht. Was er dabei vollkommen vergisst ist, wie verletzt seine Geliebte ist. Beim Streiten geht es nicht ausschließlich um Fakten.

Oft wurde eine Seite verletzt und es gilt, wieder eine Harmonie herzustellen.

Eine weitere häufige Verhaltensweise ist der Rückzug. Männer haben keine Lust auf einen Streit und finden oft einen Vorwand, um aus diesem zu flüchten. Was erst mal als ein simpler Selbstschutz angesehen wird, ist auch ein bewusstes Abwenden vom Partner.

Vermeiden Sie, dass dies zur Gewohnheit wird! Beißen Sie die Zähne zusammen und halten Sie durch, bis der Streit geregelt ist und Sie sich wieder anderen Themen widmen können.

Liebender Partner und Mann

Bei all der Zuneigung und Liebe in der Beziehung ist es von enormer Wichtigkeit, dass Sie trotzdem stets in Kontakt mit Ihrem selbst bleiben. Behalten Sie die Bereiche in Ihrem Leben, die Sie in Ihrer Individualität und Männlichkeit bestärken (Männerfreundschaften gehören auch dazu).

Sorgen Sie dafür, dass die Beziehung zu Ihrer Partnerin stets Möglichkeiten des Ausbruchs bietet. Bringen Sie sich gegenseitig dazu, regelmäßig die jeweiligen Gewohnheitszonen zu verlassen und auf diese Weise frischen Wind in die Beziehung zu bringen. Wenn Ihre Partnerin anfängt zu weinen, müssen Sie für sie da sein. Seien Sie die starke Schulter, an der sie sich ausweinen kann. Geben Sie ihr die Sicherheit, die sie in dem Moment benötigt.

Das sollten Sie über Frauen wissen

Frauen wollen keine Männer, die ihr Fähnchen nach dem Wind hängen. Genauso unattraktiv ist der Narzisst, der jeden Satz mit „ich“ beginnt und den die Ansichten anderer Menschen nicht interessiert. Den Mittelweg, den Sie als Mann gehen sollten, ist der der Selbstsicherheit.

Das bedeutet folgendes: Sie kennen Ihre Vorzüge genauso wie Ihre Schwächen und stehen zu beidem, haben kein Problem mit dem Entschuldigen, verlieren bei Hindernissen und Widerstand nicht gleich die Fassung und Sie gehen motiviert an die Lösung eines Problems heran.

Ihre innere Stärke strahlt nach außen und muss nicht mit irgendwelchen Hilfsmitteln unterstützt werden.

Bleiben Sie diesem Weg treu!
Warum achten die meisten Frauen bei einem Mann zuerst auf die Hände? Ganz einfach, schon an den Händen kann man viel über die Körperhygiene eines Menschen ablesen. Achten Sie unbedingt stets darauf, sich zu pflegen und auch so auszusehen!

Ihrer Partnerin sollte es keine Überwindung kosten, Sie zu berühren. Genauso wenig möchten Sie das, oder?
Manieren zeugen von Respekt, lassen auf eine gewisse Kultiviertheit schließen und kommen bei Frauen sehr gut an.

Zeigen Sie Ihrer Partnerin, dass Sie die Art von Mann sind, mit der man sich gerne sehen lässt.

Übertreiben Sie es aber nicht und achten Sie darauf, zu nichts zwingen zu wollen. Ein „Gentleman“ hält der Frau den Arm hin, damit sie sich einhaken kann, aber greift sie nicht am Arm und zieht sie hinter sich her.

Das berühmte Klammern ist einer Beziehung fehl am Platz. Natürlich sollten Sie sich um Ihre Partnerin kümmern und sich für ihr Leben interessieren, aber es ist genauso wichtig, dass sie immer noch ihren Freiraum hat!

Den kühlen, distanzierten Mann zu spielen wirkt für Frauen vielleicht während der Partnersuche anziehend, aber während der eigentlichen Beziehung ist das zu vermeiden.

Beziehungstipps speziell für Frauen

Gutes und schlechtes

Richtige Verhaltensweisen als Partnerin:

➠ Im Klischee ist es der Mann, der die Frau verwöhnt und überrascht. Aber nur, weil Sie eine Frau sind, heißt das nicht, dass Sie Ihrem Partner nicht auch hin und wieder Komplimente und kleine Geschenke gönnen sollten.

➠ Stellen Sie ihm Ihre Freunde vor. Sorgen Sie dafür, dass er sie kennenlernt und tun Sie dasselbe mit seinem Freundeskreis. Und was am wichtigsten ist: Verlangen Sie nicht von ihm, dass er seine Freunde für Sie aufgeben soll!

➠ Männer sind eifersüchtiger, als Sie vielleicht denken. Gerade wenn Ihr Ex-Freund gutaussehend und charmant ist, entsteht sehr schnell ein Streit. Ignorieren Sie darum Ex-Freunde, die Sie treffen.

➠ Akzeptieren Sie Ihren Liebsten so, wie er ist. Wenn er vollkommen vernarrt in eine Sportart ist, sollten Sie ihm das nicht ausreden, sondern ihn stattdessen bei seiner Leidenschaft unterstützen und ein gewisses Interesse daran zeigen.

Falsche Verhaltensweisen als Partnerin:

➠ Geben Sie nicht alle Details Ihrer früheren Beziehungen frei. Auch, wenn vielleicht etwas anderes behauptet, möchte er auf keinen Fall alles wissen. Zu viel Wissen kann durchaus zu Problemen führen.

➠ Spionieren Sie ihm nicht hinterher. Selbst, wenn Sie einen sehr großen Verdacht auf Betrug haben, sollten Sie auf keinen Fall in die

Rolle einer stalkenden Freundin verfallen. Wenn er Ihr Verhalten nämlich herausfindet, wird er noch einmal über die Beziehung nachdenken und sie eventuell sogar beenden.

Ihr Freund hat auch weibliche Freunde, das ist vollkommen normal. Werden Sie nicht so schnell eifersüchtig und werden Sie den anderen Frauen keine bösen Blicke zu. Versuchen Sie stattdessen, sich ebenfalls mit ihnen anzufreunden oder sich zumindest gut mit ihnen zu verstehen.

Was Männer an Frauen unwiderstehlich finden

Wenn Sie sich diese Frage selbst stellen, kommen Ihnen vermutlich die üblichen Dinge in den Kopf. Kochkünste, ein schlanker Körper u.s.w. Das ist zwar nicht falsch, aber ist dennoch längst nicht alles, was Männer anzieht wie Motten ein Feuer.

Tatsächlich suchen Männer vor allem eine gewisse Einstellung, durch die eine Frau Faszination Ausstrahlt und Männer komplett einnimmt. Die Zauberwörter zu dieser Ausstrahlung sind Kompetenz und Kommunikation.

Im Grunde läuft es auf die folgenden Signale hinaus: Die Zurückhaltung einer Frau (Besserwisserinnen sind extrem unattraktiv!), eine typisch weibliche Körpersprache, Verständnis für Benehmen, moderater Tonfall, Humor sowie Verspieltheit und trotzdem Seriösität.

Was genau wollen Sie?

Natürlich träumt jede Frau von der perfekten Beziehung. Diese eine besondere Partnerschaft, die ein Leben lang hält und auf Sie wie ein schöner Traum wirkt. Um so eine Beziehung zu führen ist es wichtig, dass Sie wissen was Sie eigentlich möchten.

Erst wenn Sie ein klares Bild haben, können Sie mit Ihrem Partner über dieses Thema reden und die Beziehung nahezu perfekt werden lassen. Es ist nun mal einfach so: Sie werden niemals das bekommen was Sie wollen, wenn Sie nicht wissen was Sie wollen!

Klingt nach gesundem Menschenverstand, nicht? Dennoch stellen sich viel zu wenige Menschen diese Frage und sorgen so dafür, dass Sie keine Klarheit erhalten und demnach auch nicht das, was Sie begehren.

Wenn Sie das nun verstanden haben aber Probleme mit der Beantwortung dieser großen Frage bemerken, sollten Sie die Sache mit System angehen.

Erstellen Sie sich zunächst eine Liste mit den 10 wichtigsten Bedürfnissen, die Sie in einer Beziehung verspüren und prägen Sie sich diese, wenn möglich ein.

Eine Partnerschaft mit einem Mann ist erst dann wirklich die richtige, wenn sie zumindest 7 der Bedürfnisse erfüllt. Jetzt können Sie in Zukunft bessere Entscheidungen treffen und an der Beziehung arbeiten.

Generelle Tipps und Verhaltensweisen als Partnerin

1) Heißen Sie Ihren Liebsten in Ihrem Leben willkommen! Das heißt, genug Raum für den jeweils andere zu haben. Mit „Raum“ ist nicht zwingend ein freies Zimmer oder eine Wohnung gemeint, sondern vielmehr der Platz in Ihrem Leben, also die Zeit, die für den Partner aufgebracht werden kann.

2) Verbessern Sie Ihr Selbstbild! Den typischen Satz „in diesem Kleid sehe ich Fett aus!“ kennen wir alle. Auch wenn er dieses Thema vielleicht auf eine etwas übertriebene Weise darstellt, zeigt er dennoch auf, wie ein schlechtes Denken von sich selbst aussieht. Männer wollen keine Partnerin, die mit sich selbst so unzufrieden ist, dass Sie sich bei ihnen ständig darüber beschweren.

3) Schaffen Sie mehr Freude in Ihrem Leben. Die Ausstrahlung einer Frau ist sehr bedeutend, wenn sie einem Mann gefallen möchte. Männer wollen eine Partnerin, die Lebensfroh ist und nicht ihre Mitmenschen herunterzieht.

4) Auch Sie sollten, wenn nötig für die Beziehung kämpfen! Liebe ist nun mal nichts Selbstverständliches. Haben Sie keine Angst davor, auch als Frau in Aktion zu treten und wenn nötig zu kämpfen.

Nachwort

Nun, da Sie dieses Buch fertig gelesen haben, haben Sie viele Tipps und Tricks für die Art und Weise, wie Sie mit Ihrer Beziehung umgehen, erhalten. Nun liegt es an Ihnen, das neu erhaltene Wissen umzusetzen.

Sehen Sie dieses Buch als eine Art Wegweiser. Mit dessen Hilfe können Sie sich die Informationen herausnehmen, die Sie gerade benötigen.

Denken Sie immer daran, dass Ihre Beziehung genauso wie die anderes Leute einzigartig ist. Sie und Ihr Partner haben einzigartige Charakterzüge, Ansichten und Verhaltensweisen. Alles, was in diesem Buch steht, sind generelle Tipps. Manches trifft auf jede Beziehung zu, manches wird nur bei bestimmten Partnerschaften hilfreich sein.

Sie können Ihren Partner und die Beziehung zu ihm am besten einschätzen. Probieren Sie verschiedenes aus und geben Sie nicht auf, bis die Verbindung zwischen Ihnen gestärkt und die Beziehung gefestigt ist. Sie können mir glauben, wenn ich Ihnen sage, dass sich der Aufwand lohnt.

Es lohnt sich immer für etwas zu kämpfen, was einem wichtig ist!

In diesem Sinne wünsche ich Ihnen Erfolg bei der Anwendung des neuen Wissens und eine glückliche, lang anhaltende Beziehung zu Ihrem Partner!

Sandra Baulich

Haftungsausschluss und Impressum

Der Inhalt dieses Buches wurde mit sehr großer Sorgfalt erstellt und geprüft.
Für die Richtigkeit, Vollständigkeit und Aktualität des geschriebenen kann jedoch keine Garantie gewährleistet werden.

Sowie auch nicht für Erfolg oder Misserfolg bei der Anwendung des gelesenen.
Der Inhalt des Buches spiegelt die persönliche Meinung und Erfahrung des Autors wider.
Der Inhalt sollte so ausgelegt werden, dass er dem Unterhaltungszweck dient.
Er sollte nicht mit medizinischer Hilfe verwechselt werden.

Juristische Verantwortung oder Haftung für kontraproduktive Ausführung oder falsches Interpretieren von Text und Inhalt wird nicht übernommen.

Impressum

Autor: Sandra Baulich
vertreten durch:
Markus Kober
Kreuzerwasenstraße 1
71088 Holzgerlingen

markus.kkober@gmail.com

Quellen:

https://www.wunderweib.de/10-kleine-dinge-die-jede-beziehung-staerken-14042.html

https://www.palverlag.de/Liebe-Partnerschaft.html

https://gedankenwelt.de/9-gewohnheiten-die-die-partnerschaft-staerken/

https://www.beziehungsweise-magazin.de/ratgeber/kommunikation-konflikte/wie-viel-geld-braucht-die-liebe/

http://www.paradisi.de/Freizeit_und_Erholung/Liebe_und_Partnerschaft/Beziehung/Artikel/19338.php

https://www.huffingtonpost.de/dominik-borde/fuer-immer-verliebt-7-rit_b_7611260.html

https://www.wunderweib.de/10-kleine-dinge-die-jede-beziehung-staerken-14042.html

https://www.beziehungsweise-magazin.de/ratgeber/partnerschaft-beziehung/diese-7-beziehungstipps-sollten-sich-maenner-und-frauen-zu-herzen-nehmen/

https://catch-him-keep-him.de/beziehungstipps-fuer-frauen-und-wie-sie-fuer-maenner-unwiderstehlich-werden/

https://www.relationshipwith.me/dein-beziehungsguide-100-special-beziehungstipps-fuer-frauen-mit-herz-und-verstand-part-1/

https://www.relationshipwith.me/beziehungstipps-fuer-frauen-part-2/

https://www.maennlichkeit-staerken.de/mann-sein/beziehungstipps-fuer-maenner/
http://www.admenture.de/4061-beziehungstipps-fuer-maenner-fuer-eine-dauerhaft-glueckliche-beziehung-mit-ihrer-partnerin/

34317819R00063

Printed in Poland
by Amazon Fulfillment
Poland Sp. z o.o., Wrocław